[CHAN]SONNIER

[JO]YEUX,

CHOIX DE CHANSONS NOUVELLES

Tirées de divers Auteurs.

AVIGNON,

OFFRAY AÎNÉ Impr.-Libraire, pl. St.-Didier

UN PEU DE TOUT.

L'HOMME CONTENT DE TOUT

OU L'OPTIMISME.

AIR : *Et voilà comme l'homme.*

Mortels qui maudissez le sort,
Que vous ayez raison ou tort,
Venez me voir dans ma chambrette,
Du vrai bonheur j'ai la recette ;
Et vous direz en me quittant :
    Oui, voilà comme
        L'homme
Est toujours content.

Dans un bien modeste séjour,
Vivant, hélas ! au jour le jour,
Je n'ai de bien que l'espérance ;
Mais pour m'en consoler, je pense
A ceux qui n'en ont pas autant...
    Et voilà comme, etc.

J'entends les gens se désoler
En voyant le temps s'envoler ;
Et moi tous les ans je répète :
« Un an de plus est sur ma tête,
Mais mon vin a vieilli d'autant... »
    Et voilà comme, etc.

Pour ma fortune ai-je conçu
Un plan qui se trouvait déçu,
Je pense qu'une banqueroute,
Du peu que j'ai m'aurait sans doute
Bientôt enlevé le restant...
 Et voilà comme, etc.

La foudre a-t-elle ravagé
Les blés et les vignes que j'ai,
Je me dis : « Si sa rage extrême
M'eût, par malheur, frappé moi-même,
Je serais bien plus mal portant... »
 Et voilà comme, ect.

Roch a soixante mille écus,
Mais il a soixante ans de plus ;
Moi, je suis fier, dans ma détresse,
De pouvoir, près d'une maîtresse,
Bien mieux que lui payer comptant..
 Et voilà comme, etc.

Suis-je trahi dans mon amour,
Bien loin de détester le jour,
De mes sermens me voyant quitte,
Je cours, du tendron qui me quitte,
A la bouteille qui m'attend...
 Et voilà comme, etc.

Le beau temps enchante mes yeux...
Pleut-il, la vigne en viendra mieux ;
S'il gèle, à table je dévore ;
Dégèle-t-il, « Bon ! dis-je encore,
Bon ! l'hiver n'a plus qu'un instant... »
 Et voilà comme, etc.

Un rhumatisme me survient,
Et dans mon lit il me retient :
« Fort bien, me dis-je, plus d'affaire !
Plus de sotte visite à faire !..
Je puis respirer un instant.. »
  Et voilà comme, etc.

S'il me fallait mourir demain,
Je m'écrirais, le verre en main :
« Vive le trépas ! car peut-être
M'épargne-t-il le malheur d'être
Goutteux, hypocondre, impotent.. »
  Et voilà comme
   L'homme
  Est toujours content.

EN ATTENDANT.

AIR : *Chansons, chansons.*

Amis, c'est en vain que je guette
Quelque refrain de chansonette
  Qui soit mordant ;
A mes désirs le temps s'oppose ;
Je vais donc chanter autre chose
  En attendant.

S'il est plus d'un auteur qu'on cite,
Quoiqu'il n'ait encore qu'un mérite
  Peu transcendant,
C'est que souvent ces bons apôtres
Ont emprunté l'esprit des autres
  En attendant.

Hortense, fillette égrillarde,
Attend de Brive-là-Gaillarde
 Un prétendant :
Il arrive, il épouse Hortense ;
Elle avait perdu.. patience
 En attendant.

Purgon conseille à son malade
D'avaler force limonade,
 Force chiendent ;
Le printemps lui rendra la vie..
Mais le cher docteur l'expédie
 En attendant.

Damis a fait cinquante pièces
Par le public mises en pièces,
 Et l'imprudent,
Comptant toujours sur la prochaine,
Se fait siffler chaque semaine
 En attendant.

Contre un banquier très-honnête homme,
Dont la faillite nous assomme,
 On va plaidant :
Le débiteur fait bonne chère ;
Le créancier meurt de misère
 En attendant.

Midas, que l'amour-propre gonfle,
Fait des vers où le public ronfle ;
 Et le pédant,
Visant au temple de mémoire,
A Charenton porte sa gloire..
 En attendant.

O divin Molière ! ô mon maître !
Quand de toi verrons-nous renaître
　　Un descendant ?
Hélas depuis ta dernière heure
Thalie en deuil soupire et pleure,
　　En attendant.

Mais tandis qu'ici je m'amuse,
Contre nous je vois la camuse
　　Armer sa dent.
Amis, sous le myrte et la treille,
Caressons fillette et bouteille
　　En attendant.

RONDE PROPHÉTIQUE

AIR : *Lon, lan, la.*

Quel est pour ma chansonnette
Le refrain qui conviendra ?
Est-ce ma tanturlurette,
Ou flon, flon, tourlourifa ?
C'est lon, lan, la,
Landerirette ;   } *bis en chœur.*
C'est lon, lan, la,
Et m'y voilà.

L'époux que chérissait Laure
L'autre matin expira :
Un noir chagrin la dévore..
Mais Dorval la suit déjà ;

> Et lon, lan, la,
> Huit jours encore,
> Et lon, lan, la,
> Laure rira.

Honteux de sa rouge trogne,
Lorsque Guillot jurera
Que le bordeaux, le bourgogne
Plus ne le renversera...
> Et lon, lan, la,
> Serment d'ivrogne :
> Et lon, lan, la,
> Guillot boira.

Qu'à belles dents on déchire
Ce que voltaire enfanta,
Mahomet, Brutus, Zaïre,
La Pucelle, *et cœtera*,
> Et lon, lan, la,
> A la satire,
> Et lon, lan, la,
> Il survivra.

Du Perron ancien pirate,
Sans pudeur Grapin vola;
Et sur sa dure omoplate
Plus d'un bâton se brisa.
> Et lon, lan, la,
> Il rampe, il flatte,
> Et lon, lan, la,
> Il parviendra.

Un censeur plein d'amertume
Toujours vous déchirera;

Sa main comme sur l'enclume,
Sur vos défauts pèsera ;
    Et lon, lan, la,
    Graissez sa plume,
    Et lon, lan, la,
    Il glissera.

Le riche et vieille Laurence
Croit que Damis l'aimera ;
Mais Damis, en conscience,
Fera-t-il cet effort-là ?
    Et lon, lan, la,
    Qu'elle finance,
    Et lon, lan, la,
    Il le fera.

Le vieux Mondor à la banque
Doit le coffre-fort qu'il a,
Et tous les jours il le flanque
De fonds qu'il centuplera ;
    Et lon, lan, la,
    Que rien n'y manque,
    Et lon, lan, la,
    Il manquera.

Paul, demain, livre au parterre
Un drame qu'on siflera,
Mais du monde littéraire
En vain il disparaîtra ;
    Et lon, lan, la,
    Chez le libraire,
    Et lon, lan, la,
    Il restera.

Mais il est temps de me taire ;
Allons, ma muse, halte-là..
Si le public, trop sévère,
Blâme cette ronde-là,
   Et lon, lan, la,
   Il peut en faire...
   Et lon, lan, la,
   Ce qu'il voudra.

LES PLAISIRS DU DIMAMCHE.

AIR : *Nous n'avons qu'un temps à vivre.*

Vive, vive le dimanche !
Vieil enfant du Carnaval,
De la gaîté la plus franche
Ce beau jour donne le signal.

Jeunes et vieux de leur demeure
  S'empressent de déloger,
Et le même instant sonne l'heure
  De la messe et du berger.
  Vive, vive le dimanche ! etc.

Réunis en grande famille,
  Ce jour-là, nos bons lurons
Vont chanceler à la Courtille
  Et tomber aux Porcherons.
  Vive, vive le dimanche ! etc.

Javotte, désertant la halle,
  Court étaler à Clichi

Son déshabillé de percale
  Que la veille elle a blanchi.
  Vive, vive le dimanche ! etc.

L'ouvrier promène sa femme
  Du Bon-coin au Soleil-d'Or,
Du Soleil-d'Or au mélodrame,
  Où le couple heureux s'endort.
  Vive, vive le dimanche ! etc.

Le laquais, dédaignant sa veste,
  Se déguise en habit neuf;
Et l'homme de bien, plus modeste,
  Brosse son habit d'Elbeuf.
  Vive, vive le dimanche ! etc.

Le marchand, muni d'une assiette
  Et d'un petit vin nouveau,
Pour déjeuner à la Muette,
  Porte une langue de veau.
  Vive, vive le dimanche ! etc.

Le commis au tendron qu'il aime
  Dépêche un billet galant ;
Et l'écolier fait de son thème
  L'oreille d'un cerf volant.
  Vive, vive le dimanche ! etc.

A chaque porte de la ville
  Le chagrin est consigné,
Et le débiteur plus tranquille,
  Ne craint pas d'être assigné.
  Vive, vive le dimanche ! etc.

Si quelquefois l'ennui conspire

Contre un désordre aussi beau,
Un refrain combat son empire,
Et le vin est son tombeau.
Vive, vive le dimanche !
Vieil enfant du Carnaval ;
De la gaîté la plus franche
Ce beau jour donne le signal.

TOUT LE MONDE SAIT ÇA

Air : *Pierrot sur le bord d'un ruisseau.*

Quel air choisir ? sur cet air
    Quels couplets faire
    Pour vous satisfaire ?
Dirai-je qu'il gèle en hiver,
Et qu'en été tout arbre est vert ?
Dirai-je que l'homme sur terre
Dans tous les temps aimera, peuplera ?
    Belle
    Nouvelle,
    Oui-dà,
    Que voilà !..
    Ha ! ha !
Tout le monde sait ça.

Dirai-je qu'au siècle présent
    Nos tragédies
    Sont des rapsodies ?
Que le drame est assoupissant ?
Le vaudeville languissant ?

Que l'on pleure à nos comédies,
Et que souvent on baillé à l'Opéra ?
Belle, etc.

Dirai-je que du bon Scarron
Momus regrette
La gaité parfaite ?
Ou que les plaisirs, dans Piron,
Ont perdu leur joyeux patron ?
Dirai-je que la chansonnette,
Grâce à Panard, à Favart, s'illustra ?
Belle, etc.

Dirai-je que, l'hiver dernier,
Ce gros visage
Qui roule équipage
Était simple palefrenier,
Et jeûnait dans un noir grenier ?
Que sa moitié modeste et sage,
Est caressante, aimable, *et cœtera*..
Belle, etc.

Dirai-je que telle beauté,
Dont le sourire
Tout bas nous attire,
A, ce matin même, acheté
Cet éclat dont l'œil est flatté ?
Que de son sein, que l'on admire,
Le doux contour ce soir se détendra ?
Belle, etc.

Dirai-je enfin.. eh ! pourquoi non ?
Quelle trouvaille !
Oui, vaille que vaille,

Disons que je suis un luron
Bien gai, bien gras, bien franc, bien rond,
Grand partisan de la futaille,
Qui but, qui boit, et qui toujours boira.
Belle, etc.

Disons donc, s'il faut du nouveau,
Que je suis maigre,
Que le miel est aigre,
Que le vin est moins bon que l'eau,
Que rien n'est gai comme un tombeau,
Qu'il n'est rien d'aussi blanc qu'un nègre.
Et pour le coup peut-être on s'écrira :
Quelle
Nouvelle,
Oui-da,
Est cela ?..
Ha ! ha !
Nous ne savions pas ça.

LA PAUVRE LISE

CHANSONNETTE MORALE.

AIR : *Non, tu ne l'auras pas, Nicolas.*

Lise était un' filette
Bien pauvre et sans esprit ;
Mais on dit
Qu'elle était gentillette,
Et v'là c' qu'un jour elle fit :

Chez un grand personnage
Ell' s'en fut tristement,
  Tout bon'ment,
D'mander un peu d'ouvrage,
Afin d' vivre honnêt'ment.

L' Mousieu, voyant ses charmes,
Tout à coup s'attendrit,
  Et lui dit :
« Ma p'tit', séchez vos larmes,
Vous m' plaisez, ça suffit :
Voyez-vous c't équipage,
Et c't or et ces bijoux ?
  C'est pour vous ;
Laissez là votr' village,
V'nez jouir d'un sort plus doux.

— Mais, m'sieu, répliqua Lise,
Dit's-moi donc c' qu'il faudra
  Fair' pour ça ?..
— Il n' faudra qu'êtr' soumise,
Et belle comm' vous v'là. »
Gn'a pas d' filles que n' tente
Et que n' séduis' d'abord
  Un tel sort ;
Aussi not' innocente
Consentit sans effort.

« Ah ! mousieu, lui dit elle,
J' n'avons pas mérité
  Tant d' bonté,
Et toujours avec zèle
J' f'rons votre volonté. »
Lis', d'après sa promesse,

Fit si ben tant qu'ell' put
　　　C' qu'on voulut,
Qu' fraîcheur, gaîté, jeunesse,
Bientôt tout disparut.

Et pour prix d' ses services,
Son maître un beau jour la
　　　Planta là.
Fillet's encore novices,
C'te leçon vous apprendra
Qu' fortun' peu méritée
Vous tomb' souvent d' la main.
　　　L' lendemain,
Et qu' voiture empruntée
Vous laiss' toujours en chemin.

MA PETITE CHANSON

Air : *Ah ! qu'il est doux de vendanger.*

De la romance l'abandon
　　　Séduit le Céladon :
La fable offre mainte leçon,
　　　L'ode est incomparable..
　　　Mais moi, pour la chanson,
J'enverrais tout au diable.

Glacé par un maudit frisson,
　　　Gardez-vous la maison,
Opposez pour contre-poison
　　　Au mal qui vous accable
　　　La petite chanson..

Et la fièvre est au diable.

Aux champs de Mars, le plus poltron
   Veut-il se faire un nom,
Qu'il se marie au feu du canon,
   A son bruit effroyable
   La petite chanson..
   Et la peur est au diable.

On se défie à l'espadon
   Pour un *oui*, pour un *non*..
Faites entendre en gai luron,
   Au couple impitoyable
   La petite chanson...
   Le cartel est au diable.

Depuis son veuvage, Lison
   Ne parle que poison..
Qu'un bon vivant, sous un balcon,
   Chante à l'inconsolable
   La petite chanson..
   Et le mort est au diable.

Quand la sueur couvre le front
   Du pauvre bûcheron,
Vienne, entre un baiser de Suzon
   Et le clairet qu'il sable,
   La petite chanson..
   Et la peine est au diable.

Quand, après la belle saison
   Vient le triste glaçon,
Chantez, les pieds sur le tison,
   Les coudes sur la table,

La petite chanson..
Et l'hiver est au diable.

Vous, enfin, qui craignez Caron
　　Et le sombre Achéron,
Chantez gaîment à l'unisson,
　　Traitant la mort de fable,
　　La petite chanson..
Et la barque est au diable.

LES PROGRÈS DE L'AGE

AIR : *Et voilà comme l'homme.*

Dès le moment où je naquis,
Ma bouche, avec un charme exquis,
Caressa le sein de ma mère ;
Aujourd'hui celui de Glycère
Me paraît plus appétissant..
　　Et voilà comme
　　　　L'homme
　　Change en grandissant.

Quand mon père me souffletait,
Ma vanité s'en irritait,
Mais bientôt ce soufflet infâme,
Donné par la main d'une femme,
Me parut plus doux qu'offensant..
　　Et voilà comme, etc.

Lorsque l'on m'envoyait coucher,
J'étais sujet à me fâcher ;
A présent souvent il arrive

Que, dans le lit qui me captive,
J'éprouve un plaisir ravissant..
    Et voilà comme, etc.

J'avais, dès l'âge de dix ans,
Cinq ou si *maitres* différents ;
Mais, troquant leçons pour caresses,
Plus tard je trouvai des *maitresses*
Le savoir plus intéressant..
    Et voilà comme, etc.

A quinze ans, trop jeune et trop fou,
Je ne disposais pas d'un sou ;
Mais dès que, devenu plus sage,
De mon argent je fis usage,
Mes dettes allèrent croissant..
    Et voilà comme, etc.

A seize ans j'aimais à la fois
Une vingtaine de minois ;
A dix-sept, j'en aimai quarante ;
A dix-huit, j'en aimai soixante ;
A dix-neuf, j'en adorai cent..
    Et voilà comme, etc.

A vingt ans, mes premiers essais
Au théâtre eurent du succès ;
A vingt cinq ma muse enhardie
Accoucha d'une comédie
Qui fut sifflée en paraissant..
    Et voilà comme, etc.

J'aimais jadis le malaga,
Puis j'ai préféré le rota,

Puis j'ai raffolé du madère,
Puis du bordeaux, puis du tonnerre;
Je les aime tous à présent..
 Et voilà comme, etc.

Jusqu'à ce jour me mesurant,
On m'a trouvé plus gros que grand;
Ma taille est cependant honnête;
Mais que le Temps courbe ma tête,
J'irai toujours rapetissant..
 Et voilà comme
  L'homme
 Change en grandissant.

LA MAUVAISE ET LA BONNE CHANSON

AIR : *du vandeville des* Deux Edmond.

N'en déplaise aux chanteurs modernes,
Avec leurs ritournelles ternes
Et leur diapason doctoral,
 On chante mal *(bis)*.
Quand la chanson, fruit du délire,
Part comme l'éclair qui l'inspire,
Avec son chorus pour soutien,
 On chante toujours bien *(bis)*.

Lorsqu'en l'honneur d'une coquette,
Il faut cédant à l'étiquette,
Rimer un éloge banal,
 On chante mal.
Mais quand notre muse endormie

Se réveille au nom de l'amie
Sans qui tout l'univers n'est rien,
   On chante toujours bien.

De nos Crésus de contrebande,
Dans une chanson de commande,
Faut-il vanter l'air jovial,
   On chante mal.
Mais chez celui dont la fortune,
A tous ces vieux amis commune,
Atteste un cœur épicurien,
   On chante toujours bien.

A la fin d'un repas splendide,
Auquel presque toujours préside
L'ennui d'un bon ton glacial,
   On chante mal.
Mais au banquet de la folie,
Donné par hôtesse jolie
Ou par un aimable vaurien,
   On chante toujours bien.

Époux d'une femme méchante,
Faut-il qu'à sa fête l'on chante
Les douceurs du nœud conjugal,
   On chante mal.
Mais faut-il d'une réjouie
Chanter la mine épanouie,
L'œil fripon, l'agaçant maintien.
   On chante toujours bien.

Lorsqu'aux pieds d'un objet céleste
Le gousset, par un sort funeste,
Est dans un dénûment total,

On chante mal.
Mais qu'à la chanson qu'on entonne
Se joigne une bourse qui sonne,
Le couplet ne valut-il rien,
  On chante toujours bien.

Faut-il chanter d'un tendre père,
D'un bon fils, d'un ami sincère
Le *De profondis* sépulcral,
  On chantait mal.
Mais à celui d'un oncle riche,
Goutteux, méfiant, vieux et chiche
Dont on va recueillir le bien,
  On chante toujours bien.

Sur les rives de la Tamise,
Où la gaité n'est pas de mise,
Où l'on sert le thé pour régal,
  On chante mal.
Mais aux bords chéris de la Seine,
Où Bacchus verse l'hippocrène,
Où Momus est notre doyen,
  On chante toujours bien.

CONSEILS AUX GARÇONS

AIR : *du vaudeville des* Deux Edmond.

Ruinés par mainte folie
Vous qui trouvez femme jolie,
Riche en vertus, or et bijoux,
  Mariez-vous *(bis)*.

Mais vous à qui femme charmante
N'apporte pour dot et pour rente
Que ses dettes et ses appas,
 Ne vous mariez pas *(bis)*.

Vous qui, contraints par vos affaires
D'être nuit et jour sédentaires,
Pouvez dépister les jaloux,
 Mariez-vous.
Mais vous dont les facheux voyages,
De vos solitaires ménages
Jour et nuit éloignent les pas,
 Ne vous mariez pas.

Vous de qui l'heureux ministère
N'exige point de secrétaire,
Au ton galantin, à l'œil doux,
 Mariez-vous.
Mais vous de qui la place entraîne
Des commis, des clercs qui, sans gêne,
Viennent partager vos repas,
 Ne vous mariez pas.

Vous que des arts l'amour anime,
Qui brûlez de leur feu sublime,
Pour propager ces nobles goûts,
 Mariez-vous.
Mais vous dont l'esprit méthodique,
Plein de son calcul algébrique,
Ne rêve que règle et compas,
 Ne vous mariez pas.

Vous qui vous sentez le courage
De subir, à peine en ménage,
La chance commune aux époux,

Mariez-vous.
Mais vous dont l'humeur trop jalouse
Voudrait exiger d'une épouse
Fidélité jusqu'au trépas,
　　Ne vous mariez pas.

Vous dont la noble confiance
Ne commande pas la constance
Par des grilles et des verrous,
　　Mariez-vous.
Mais par un esclavage infâme
Vous qui prétendez qu'une femme
Doit être à l'abri d'un faux pas,
　　Ne vous mariez pas.

Vous enfin dont l'épouse aimable
Doit se plaire à vous voir à table
Et boire et chanter comme nous,
　　Mariez-vous.
Mais vous dont la femme bégueule
Voudrait à sa personne seule
Réduire vos joyeux ébats,
　　Ne vous mariez pas.

AH ! MON DIEU ! QUE J' SUIS BÊTE

Air : *Ah ! qu'il est drôle !*

Quand je vois un joli minois,
　　Pour moi queu fête !
Quand il me r'garde une ou deux fois,
　　J'en perds la tête :

A l'entraîner dans un p'tit coin,
Quand ça n' peut pas aller plus loin,
 Tout aussitôt j' m'apprête ; *(bis)*
Mais dès qu' nous sommes sans témoin,
 Ah ! mon Dieu ! que j' suis bête !

Quand on joue un ouvrag' nouveau,
 Pour moi queu fête !
Lorsque j'entends crier *bravo* !
 J'en perds la tête ;
Et, jaloux d' faire aussi mon ch'min,
V'là-ty pas que le lendemain
 A composer j' m'apprête ;
Mais dès qu' j'ai la plume à la main,
 Ah ! mon Dieu ! que j' suis bête !

Quand je m' sens le gousset garni,
 Pour moi queu fête !
Si j' puis obliger un ami,
 J'en perds la tête ;
Et m' disant, lorsque j' n'ai plus d' çà..
C'ti-là que j'obligeai m'oblig'ra,
 A l' visiter j' m'apprête ; *(bis)*
Mais dès qu'il me faut en v'nir là,
 Ah ! mon Dieu ! que j' suis bête !

Quand je vois passer un régiment,
 Pour moi queu fête !
Quand j' sais qu'il s'est battu brav'ment,
 J'en perds la tête :
C'est que j' n'aimons pas la lâch'té,
Et jamais je n' suis insulté,
 Qu'à m' venger je n' m'apprête ; *(bis)*
Mais dès qu' j'ai l'épée au côté,
 Ah ! mon Dieu que je suis bête !

Quand j'on dit queuqu' joli p'tit rien,
    Pour moi queu fête !
Quand d' tout côté j' vois qu' ça prend bien,
    J'en perds la tête,
Si tout haut l' voisin applaudit,
Si tout bas le voisin sourit,
    A r'commencer j' m'apprête : *(bis)*
Mais dès qu' chacun m' dit qu' j'ai d' l'esprit
    Ah ! mon Dieu ! que j' suis bête !

Quand j' vas au Français par hasard,
    Pour moi queu fête !
Quand j'y vois Molière où Regnard,
    J'en perds la tête ;
Je sors d' là riant comme un fou,
Et, dussé-j' m'y fair' casser l' cou,
    A v'nir les r'voir j' m'apprête ; *(bis)*
Mais dès que j' sors de.. j' sais ben ou,
    Ah ! mon Dieu ! que j' suis bête !

Quand ma femme est de bonne humeur,
    Pour moi queu fête !
Quand ell' m'embrass', mais là.. d' bon cœur,
    J'en perds la tête !
Ell' s'emporte bien quelquefois..
Alors, en qualité d' bourgeois,
    A riposter j' m'apprête : *(bis)*
Mais dès qu'ell' prend sa grosse voix,
    Ah ! mon Dieu ! que j' suis bête !

Quand on m'invite à queuqu's festins,
    Pour moi queu fête !
Qu'on m' place devant deux yeux lutins,
    J'en perds la tête.

Quand on m'échauffe le cerveau
Avec du vin vieux ou nouveau,
  A bavarder je m'apprête ; *(bis)*
Mais dès qu'on m' verse un verre d'eau,
  Ah ! mon Dieu ! que j' suis bête !

LE NOUVEAU MONDE

Air : *J'ai vu partout dans mes voyages.*

En vices notre globe abonde ;
Moi, pour en terminer le cours,
Je viens de faire un nouveau Monde
Qui ne m'a coûté que dix jours.
Je sais que par fanfaronnade,
En sept jours le nôtre fut fait :
Que n'y mettait-on la décade ?
Il eût été meilleur qu'il n'est.

J'aime beaucoup les formes rondes :
Elles nous offrent tant d'appas !
Mais je pense qu'en fait de Monde,
Cette rondeur ne convient pas :
Ne nous étonnons pas des chutes
Qu'ici-bas on voit tous les jours ;
Il faut bien s'attendre aux culbutes
Dans un lieu qui tourne toujours.

Je veux que le soleil n'éclaire
Que les talens et les vertus,
Je ne fais gronder le tonnerre
Que sur les hommes corrompus ;

Et si dans la fange du crime,
Le malheureux veut se plonger,
Un éclair au bord de l'abîme
Viendra l'avertir du danger.

De tout animal nécessaire
Je veux que l'homme prenne soin,
Et je débarrasse la terre
De ceux dont il n'a pas besoin ;
Les insectes ne font que nuire,
Mais j'aurais trop à m'occuper
Si j'entreprenais de détruire
Tous les êtres qu'on voit ramper.

Je donne à l'usurier plus d'âme,
Et plus de tête à l'étourdi ;
Un peu moins de langue à la femme,
Un peu plus de nez au mari ;
Moins de front à nos empiriques,
Moins d'oreilles aux curieux,
Moins de fiel aux gens satiriques,
Et moins de dents aux envieux.

Pour faire un léger badinage.
Si j'ai remué terre et ciel,
J'ai du moins le rare avantage
De m'être fait père éternel ;
Je ne crains pas que l'on me fronde
Et voulez-vous savoir pourquoi ?
C'est qu'étant le père du monde
J'aurai tout le monde pour moi.

CHANSON BACHIQUE

AIR : *Ainsi jadis un grand prophète.*

Puisque sans boire on ne peut vivre,
Célébrons ce nectar parfait !
Mais permettez que je m'enivre,
Pour me remplir de mon sujet.
Étourdi du jus de la tonne,
Je puis ne dire rien de bon ;
Mais du moins si je déraisonne,
Ce ne sera pas sans raison.

D'Anacréon et d'Épicure
Suivons le précepte charmant :
Amis, tout boit dans la nature,
Les enfans boivent en naissant,
L'homme boit dans la maladie,
Il boit quand il est bien portant ;
De boire enfin telle est l'envie,
Que l'on boit même en se noyant.

On dit qu'on chancelle à trop boire,
Que la chute suit le faux pas ;
Mais on voit, vous pouvez m'en croire,
Tout le contraire en certains cas :
Car, lorsque le public écoute
Des pièces dont nous l'assommons,
Lui seul est bientôt soûl sans doute,
Et c'est pourtant nous qui tombons.

Juliet, que n'ai-je ton adresse
Pour représenter les buveurs ?

A nos yeux quand tu peins l'ivresse
Tu la fais passer à nos cœurs.
Dans ton délire, combien j'aime
Les heureux faux pas que tu fais !
Ah ! chancelle toujours de même,
Et tu ne tomberas jamais.

LA HALLE

Air : *du vaudeville de* Jean Monnet, *ou* Frère Jean à la cuisine.

Je sais qu'au seul mot de halle
Nos aimables de bon ton
Vont tous crier au scandale..
Je ris du qu'en dira-t-on ;
    Et guidé,
    Secondé
Par mon sujet qui m'inspire,
Je n'ai qu'un mot à leur dire :
La halle inspira Vadé.

Si Lucullus qu'on dit être
Des Romains le plus gourmand,
Jadis avait pu connaître
Ce superbe monument,
    Chers amis,
    Je prédis
Qu'il eût troqué, ce brave homme,
Le Capitole de Rome
Pour la halle de Paris.

Bœuf, lapin, canard sauvage,
Maquereau, macaroni,
Saucisson, merlan, fromage,
Tout s'y trouve réuni ;
  Et le nez
  Étonné
Du parfum qui s'en exhale,
En s'éloignant de la halle,
Croit avoir dix fois dîné.

Si par un nouveau déluge
Le monde était submergé,
Permets, ô souverain juge,
Que ce lieu soit protégé :
  Tu prétends
  Des méchans
Punir la race infernale ;
Mais le quartier de la halle
Est celui des *Innocents*.

Voyez l'anguille vivante
Frétiller dans ce baquet ;
Quelle chère succulente
Elle promet au gourmet !
  Traiter l'eau
  De fléau
Est une erreur des plus sottes ;
Aurions-nous des matelottes,
Si nous n'avions pas de l'eau ?

Bref, viande fraîche ou salée
Œufs, lard, pois, pain, vin, choux-fleurs,
Tout se prend dans la mêlée ;
Et chacun des acheteurs,

Du repas
A grands pas,
Sentant que l'instant approche,
Court, l'un son veau dans sa poche,
L'autre son bœuf sous le bras.

Fourneaux, pétillez bien vite ;
Rôtisseurs, chauffez vos fours ;
Dressez-vous, chaudron, marmite ;
Et toi, broche, mes amours,
Viens du cours
De mes jours
Nourrir la gaîté féconde ;
Et tourne comme ce monde,
Qui, dit-on, tourne toujours.

RONDE DE TABLE

Air : *Pour étourdir le chagrin.*

Allons, mettons-nous en train ;
Qu'on rie,
Et que la folie
D'un aussi joli festin
Vienne couronner la fin.

Si par quelques malins traits
Les convives se provoquent,
Ici ce ne sont jamais
Que les verres qui se choquent.
Allons, etc.

Le vin donne du talent

Et vaut, dit-on, une muse;
Or donc, en me l'infusant,
J'aurai la science infuse.
Allons, etc.

Amis c'est en préférant
La bouteille à la carafe,
Qu'on voit le plus ignorant
Devenir bon géographe.
Allons, etc.

Beaume, pays si vanté,
Chablis, Mâcon, Bordeaux, Grave..
Avec quelle volupté
Je vous parcours dans ma cave !
Allons, etc.

Champagne, ton nom flatteur
A bien plus d'attraits, je pense,
Sur la carte du traiteur
Que sur la carte de France.
Allons, etc.

A voir ainsi du pays,
On s'expose moins sans doute :
I' vaut mieux, à mon avis,
Verser à table qu'en route.
Allons, etc.

Je sais qu'une fois en train,
On est étendu par terre
Tout aussi bien par le vin
Que par un vélocifère.
Allons, etc.

Mais voyage qui voudra ;
A moins que l'on ne me chasse,
D'un an, tel que me voilà,
Je ne bougerai de place.
Allons, etc.

Ce lieu vaut seul, en effet,
Toute la machine ronde,
Et le tour de ce banquet
Est pour moi le tour du monde.
Allons, etc.

Il faudra pourtant, amis,
Fuir de ce séjour aimable ;
En quittant ce paradis,
Nous nous donnerons au diable

Allons, mettons-nous en train,
Qu'on rie,
Et que la folie
D'un aussi joli festin,
Vienne couronner la fin.

V'LA C' QUE C'EST QUE L' CARNAVAL

AIR : *V'là c' que c'est qu' d'aller au bois.*

Momus agite ses grelots,
Comus allume ses fourneaux,
Bacchus s'ennivre sur sa tonne,
Pallas déraisonne,
Apollon détonne.

Trouble divin, bruit infernal..
 V'là c' que c'est que l' Carnaval.

Au lever du soleil on dort,
Au lever de la lune on sort ;
L'époux, bien calme et bien fidèle,
 Laisse aller sa belle
 Où l'amour l'appelle :
L'un est au lit l'autre est au bal.
 V'là c' que c'est que l' Carnaval.

Carrosses pleins vont par miliers,
Regorgeant, dans tous les quartiers ;
Dedans, dessus, devant, derrière,
 Jusqu'à la portière,
 Quelle fourmilière !
Des fous on croit voir l'hopital..
 V'là c' que c'est que l' Carnaval.

Un char, pompeusement orné,
Présente à notre œil étonné
Quinze poissardes qu'avec peine
 Une rosse traîne ;
 Jupiter les mène ;
Un cul-de-jatte est à cheval..
 V'là c' que c'est que l' Carnaval.

Arlequin courtise Junon,
Colombine poursuit Pluton,
Mars, madame Angot qu'il embrasse,
 Crispin une Grâce,
 Vénus un Paillasse ;
Ciel, terre, enfers, tout est égal..
 V'là c' que c'est que l' Carnaval.

Mercure veut rosser Jeannot :
On crie à la garde aussitôt,
Et chacun voit, de l'aventure,
    Le pauvre Mercure
    A la préfecture,
Couché sur un procès-verbal..
   V'là c' que c'est que l' Carnaval.

Profitant aussi des jours gras,
Le traiteur déguise ses plats,
Nous offre vinaigre en bouteille,
    Ragoût de la veille,
    Daube encor plus vieille.
Nous payons bien, nous soupons mal..
   V'là c' que c'est que l' Carnaval.

Un bœuf, à la mort condamné,
Dans tous Paris est promené :
Fleurs et rubans parent sa tête
    On chante, on le fête,
    Et, la ronde faite,
    On tue, on mange l'animal..
V'là c' que c'est que l' Carnaval.

Quand on a bien ri, bien couru,
Bien chanté, bien mangé, bien bu,
Mars d'un fripier reprend l'enseigne,
    Pluton son empeigne,
    Jupiter son peigne,
Tout rentre en place et bien ou mal..
   V'là c' que c'est que l' Carnaval.

LE CARÊME

AIR : *Mon père était pot.*

Puisqu'on s'exerce gaîment
  Sur un sujet qu'on aime,
Devrait-on forcer un gourmand
  A chanter le Carême ? *
    Mais tant bien que mal,
    Il faut du journal
  En tout point suivre l'ordre.
    Puisse mon sujet,
    Tout maigre qu'il est,
  Me donner de quoi mordre !

Adieu pâtés et saucissons !
  En ces jours d'abstinence,
Ce n'est, hélas ! que de poissons
  Que se nourrit la France.
    Pour que le péché
    Dont il s'est taché
  S'efface de lui même,
    Vous voyez qu'il faut
    Que le vrai dévôt
  Pêche tout le Carême.

Cochons que votre sort est doux,
  Quand Mardi-Gras nous laisse !
Vos bourreaux suspendent leurs coups
  Respectent votre graisse ;
    Et quoiqu'à bon droit
    Le Carême soit

---

* Ce mot avait été donné à l'auteur.

Prescrit par plus d'un moine,
Un pareil statut
Prouverait qu'il fut
Fondé par saint Antoine.

Hélas ! de plaisirs aussi courts
Faut-il qu'on se repente !
Et pour avoir ri quinze jours
Doit-on jeûner quarante ?
Le marin souvent
Subit, en rentrant,
Une aussi longue peine :
Mais au moins il peut
Manger ce qu'il veut
Pendant sa quarantaine.

Hier, pensant à ma chanson
Plus qu'à ma ménagère,
Je ne lui disais que : « Paix donc !
J'ai mon Carême à faire. »
Je voulus la nuit
Lui dire sans bruit
Ce qu'on dit quand on aime..
« Un peu moins d'amour,
Dit-elle à son tour ;
Faites votre Carême. »

Enfin, chers gourmands, je l'ai fait;
Il faut qu'on se résigne ;
Mais convenez que le sujet
De nous n'était pas digne.
Et toi, cher lecteur,
Puisque, par malheur,
Le Carême est d'instance,

Bien tournée ou non,
Chante ma chanson
Au moins par pénitence.

LE PÈRE DE LA MARIÉE, UN JOUR DE NOCES

AIR : *V'là c' que c'est qu' d'aller au bois.*

Mon Dieu ! mon Dieu ! quel embarras
Qu' d'avoir un' fille sur les bras !
On se dit, dès son plus bas age :
« Sera-t-elle sage ?
Heureuse en ménage ? »
Pendant quinze ans on n' pens' qu'à ça..
V'là c' que c'est que d'êt' papa.

A quatre ans, quel maudit sabbat !
Ça crie, où ça mord, ou ça bat :
Pour rendre l'espiègle muette
On lèv' la jaquette,
On soufflette, on fouette :
Puis un baiser vient gâter ça..
V'là c' que c'est que d'êt' papa.

A huit ans ça veut babiller,
Ça veut trancher, ça veut briller :
Soir et matin la p'tit' coquette
N' rêve que toilette ;
Il faut qu'on achète
Colliers par-ci, brac'lets par là..
V'là c' que c'est que d'êt' papa.

C'est à douze ans qu' faut voir venir
Des maîtres à n'en plus finir !
Danse, dessein, musique, histoire,
    Enflent la mémoire.
    C'est la mer à boire !
Au bout du mois faut payer ça..
    V'là c' que c'est que d'êt' papa.

Mais p'tit à p'tit v'là qu' ça grandit ;
Qu' ça s'embellit, qu' ça s'arrondit..
D' not' fille on vante la figure,
    L'esprit, la parure,
    Le ton, la tournure,
Et nous mordons à c't ham'çon-là..
    V'là c' que c'est que d'êt' papa.

Un beau garçon s' présente enfin,
Doux, honnête et l' cœur sur la main ;
D' plaisir, d'amour son cœur pétille
    Il plaît à la fille,
    A tout' la famille ;
L' père enchanté dit : Touchez là..
    V'là c' que c'est que d'êt' papa.

Les bans sont bientôt publiés,
Et les jeunes gens mariés :
Au Cadran-Bleu l' festin s'ordonne ;
    L' mari qui le donne
    D' plaisir déraisonne
En pensant qu'un jour il dira :
    V'là c' que c'est que d'êt' papa.

A la fin du joyeux repas,
Au couple heureux on tend les bras ;
L'un, quittant sa place et son verre,
    Saute au cou d' la mère

L'autre au cou du père
Qui pleure, et dit en voyant ça :
V'là c' que c'est que d'êt' papa.

LES BROUILLARDS

AIR : *Tenez, moi, je suis un bon homme.*

Pour un gastronome intrépide
Quel triste sujet à chanter !
Mais comme il est assez humide
Je commence par m'humecter :
Si le vin trouble un peu ma vue,
Amis pardonnez mes écarts ;
On peut bien faire une bévue,
Lorsque l'on est dans les brouillards.

Le papier brouillard ne peut guère
Garder l'empreinte d'un écrit ;
Aussi, chez Plutus, chez Cythère,
Ce papier a-t-il du débit ;
Serment d'amour, vœu d'être sage,
Billets payables sans retard,
Jusqu'aux contrats de mariage,
Tout s'écrit sur papier brouillard.

Figeac à son futur beau-père
Disait : Sandis ! s'il faisait beau,
Sur l'autre bord de la rivière,
Vous admireriez mon château,
Mais un nuage l'environne,
Et nous dérobe ses remparts..
Les biens placés sur la Garonne
Sont presque tous dans les brouillards. »

Brouillons tous les vins de la cave,
Brouillons tonnerre et malaga,
Brouillons mâcon, champagne et grave,
Brouillons et madère et rota,
Que de leurs vapeurs salutaires
Jaillissent des couplets gaillards ;
Mais entre nous, mes chers confrères,
Jamais, jamais d'autres brouillards.

VOEU D'UN IVROGNE

AIR : *Un chanoine de l'Auxerrois.*

Si l'eau de la Seine un matin
Venait à se changer en vin
  (Ce que je n'ose croire)
Puissé-je à l'instant voir aussi
Chacun de mes bras raccourci
  Se changer en nageoire ;
Et, troquant ma forme et mon nom
Pour ceux de carpe et de goujon,
  Hé ! bon, bon, bon,
  Devenir poisson,
  Pour ne faire que boire !

LES INCONVÉNIENS DE LA FORTUNE

AIR : *Adieu, paniers, vendanges sont faites.*

Depuis que j'ai touché le faîte
Et du luxe et de la grandeur,
J'ai perdu ma joyeuse humeur :

Adieu, bonheur ! *(bis)*
Je bâille comme un grand seigneur..
  Adieu, bonheur !
Ma fortune est faite.

Le jour, la nuit, je m'inquiète :
La chicane et tous ses suppôts
Chez moi fondent à tous propos ;
  Adieu, repos ! *(bis)*
Et je suis surchargé d'impôts..
  Adieu repos !
Ma fortune est faite.

Toi dont la grâce gentillette,
En me ravissant la raison,
Sut charmer ma jeune saison,
  Adieu Suzon ! *(bis)*
Je dois te fermer ma maison..
  Adieu, Suzon !
Ma fortune est faite.

Plus d'appétit, plus de goguette ;
Dans un carrosse empaqueté,
Je promène ma dignité,
  Adieu, gaîté ! *(bis)*
Et par bon ton je prends du thé..
  Adieu, gaîté !
Ma fortune est faite.

Pour le plus léger mal de tête,
Au poids de l'or je suis traité,
J'entretiens seul la Faculté :
  Adieu, santé ! *(bis)*
Hier trois docteurs m'ont visité..

Adieu, santé !
Ma fortune est faite.

Vous qui veniez dans ma chambrette
Rire et boire avec vos tendrons,
Qui souvent en sortiez ronds,
    Adieu lurons ! *(bis)*
Quand je serai gueux, nous rirons..
    Adieu, lurons !
Ma fortune est faite.

Mais je vois en grande étiquette,
Chez moi venir ducs et barons :
Lyre, il faut suspendre tes sons,
    Adieu, chansons ! *(bis)*
Mon suisse annonce, finissons..
    Adieu, chansons !
Ma fortune est faite.

LES AMOURS DE GONESSE

ou

V'LA C' QUE C'EST QUE L' SENTIMENT.

AIR : *V'là c' que c'est qu' d'aller au bois.*

  A Gonesse, un jour, dans ses lacs
  L'Amour prit Thérèse et Colas :
  Colas n' pouvait voir sa Thérèse
   Sans se pâmer d'aise,
   Et la p'tite niaise
  Trouvait son grand Colas charmant :
   V'là c' que c'est que l' sentiment.

  Ça leur coupa pendant un mois
  L'appétit, l' sommeil et la voix ;
  Quand ils s' voyaient, n'osant se dire
   L' sujet d' leur martyre,
   Ils s' mettaient à rire,
  Puis r'tournaient moudre le froment :
   V'là c' que c'est que l' sentiment.

  Mais comm' l'amour nous étouff'rait,
  Si queuqu' jour il ne transpirait,
  Colas d' sa belle un soir s'approche,
   Lui lâche un' taloche,
   Thérès' lui décoche
  Un grand souflet.. bien tendrement.
   V'là c' que c'est que l' sentiment.

  Après un aveu si flatteur

On sent qu' la goutte est de rigueur.
Thérèse dont l'œil d'amour pétille,
   Accepte du drille
   Roquill' sur roquille :
Puis tout d'son long tomb' sans mouv'ment
  V'là c' que c'est que l' sentiment.

Les bras pendants, sur c' coup, Colas
Reste droit comme un échalas ;
Mais quand on a bu plus d'un verre,
   Qu' sa belle est à terre,
   Et qu'on n'y voit guère,
On n' peut répondre du moment :
  V'là c' qu' c'est que l' sentiment.

On s'aperçoit au bout d' queuqu' mois
Que l' corset n' va plus comme aut'fois
Frère, oncle, tante, père et mère
   Écument de colère,
   Et d' la téméraire
Veulent s' venger en l'assommant :
  V'là c' que c'est que l' sentiment.

Thérèse, enfin, poussée à bout,
Et préférant Colas à tout,
Dit tout haut : « Je m' moque d' mon père
   Je m' moque d' ma mère,
   D' ma famille entière ;
Je n'aime et n'aim'rai qu' mon amant :
  V'là c' que c'est que l' sentiment.

A ces mots, on la met sous clé,
Et l' pauvre Colas désolé,
Pour adoucir un coup si traître,
   La nuit, sans paraître,
   S'en vient sous sa f'nêtre

Crier, jurer comme un All'mand..
  V'là c' que c'est que l' sentiment.

Thérèse, aux cris d' l'infortuné,
Saut' par la f'nêtre et tomb' sur l' né ;
Son sang jaillit comme d'un' fontaine ;
  Elle y pense à peine ;
  Gn'y a pas d' né qui tienne,
Quand il s'agit d'un enlèv'ment :
  V'là c' que c'est que l' sentiment.

Vite, ils s'en vont chez m'sieur l' curé
Colas lui dit tout éffaré :
« Mam'selle et moi, v'nons côte à côte
  Vous dir' qu' par ma faute ;
  Par ma très-grande faute,
All's'ra mère avant l' sacrement. »
  V'là c' que c'est que l' sentiment.

L' curé leur fait un beau sermon
Au sujet d' l'œuvre du démon,
« Tout ça, dit Thérèse, est d' l'eau claire :
  Dans l'instant, mon père,
  Il s'agit d' faire
Not' mariage ou notre enterr'ment.. »
  V'là c' que c'est que l' sentiment.

L' curé dit qu'il n' peut les unir,
Si leurs parents n' viennent les bénir.
L' bouillant Colas, qu' ce r'fus poignarde,
  Du suiss' prend l'hall'barde ;
  On crie : A la garde !..
Thérèse accouche d' saisiss'ment ;
  V'là c' que c'est que l' sentiment.

Chez m'sieur l' maire on a bientôt m'né
Colas, Thérèse et l' nouveau né.
Thérèse lui cont' sa peine amère,
  Lui dit : « Vous êt' maire,
  N'ach'vez pas un' mère
Qu'a fait ce qu'on fait en aimant : »
  V'là c' que c'est que le sentiment.

A c'tte voix, l' cœur du maire s' fend,
Il dit : « Faut un père à c't enfant..
Puisqu' vous avez fait la sottise,
  Qu' voulez-vous que j' dise ?
  Dimanche, à l'église,
Vous s'rez mariés conjugal'ment : »
  V'là c' que c'est que l' sentiment.

De plaisir tous deux, à ces mots,
Se mett'ent à pleurer comm' des veaux ;
Et moi-même qui vous l' raconte,
  Je l' dis à ma honte,
  Je m' sens, pour mon compte,
Prêt à pleurer d'attendriss'ment.
  V'là c' que c'est que l' sentiment.

COUPLETS DE NOCES

Air : *Gai, gai, mariez-vous.*

Gai, gai, gai, faisons tous
  Ce qu'ont fait nos père
    Et mère ;
Gai, gai, marions-nous :
Quoique vieux l'exemple est doux.

In nomine Domini,
Suivant la loi de nature,
Crescite, dit l'Ecriture,
Et multiplicamini.
   Gai, gai, etc.

Jadis Adam, dégoûté
De vivre seul sur la terre,
Se maria sans notaire
Ni municipalité.
   Gai, gai, etc.

Que le mariage est beau !
Il n'en est qu'un qui me blesse,
Et c'est, je vous le confesse,
Celui du vin et de l'eau.
   Gai, gai, etc.

Puissé-je, heureux marié,
Sans piquer ta jalousie,
Troquer un tiers de ma vie
Contre un quart de ta moitié.
   Gai, gai, etc.

Toi qui sais si bien charmer,
Puisse ta famille à faire
Avoir tes traits pour nous plaire,
Et notre cœur pour t'aimer !
   Gai, gai, etc.

Avant un an, je soutien
Qu'il faut qu'une circulaire
Nous apprenne que la mère
Et l'enfant se portent bien.
   Gai, gai, etc.

Être deux est, je le crois,
Sur terre un bonheur extrême ;
Mais le bien vraiment suprême,
Mes amis, c'est d'être trois.
   Gai, gai, etc.

On sait que, sans rejeton,
La rose est l'orgueil de Flore ;
Mais on aime mieux encore
La rose unie au bouton.
   Gai, gai, etc.

Avec nous nos chers époux
Sont heureux, je l'imagine ;
Mais ils m'ont toute la mine
De l'être encor plus sans nous.
   Gai, gai, etc.

A pincer le rigodon
Chaque jeune homme s'apprête ;
Toi, tu pinces ta conquête,
Moi, je pince le flacon.
   Gai, gai, etc.

Chantons tous jusqu'à demain,
Ivres d'une amitié pure :
Vivent l'amour, la nature,
L'hymen, la table et le vin.

Gai, gai, faisons tous
   Ce qu'ont fait nos père
     Et mère ;
Gai, gai, marions-nous :
Quoique vieux l'exemple est doux.

L'AN 1825

AIR : *Vive la Lithographie !*

Si j'ai bonne souvenance,
Mil huit cent vingt-cinq offrit
Ce qu' jamais n' verra la France
En vertus comme en esprit.

Tout le monde s'entendait,
Tout le monde s'entr'aidait ;
L' riche partageait son bien
Avec c'lui qui n'avait rien.

On n' voyait que bons ménages,
Qu'amis francs et généreux,
Tout's les femmes étaient sages
Et tous les maris heureux..

Jamais les médecins ne tuaient ;
Queuqu'fois les commis saluaient;
Un fripon pour un milliard,
N'eût été reçu null' part.

Jamais intrigu' ni cabale
Ne v'nait troubler un succes.
On n' connaissait ni scandale,
Ni banqu'route, ni procès.

La sottis' perdait ses pas,
Les journaux ne mentaient pas,
On avait, dans les bureaux,
Plus d' savoir qu'on n'était gros.

On n' voyait pas d' ces affiches
Fait's pour tromper les honnêt's gens,
On n'avait pas pour les riches
Plus d'égards qu' pour l's indigents.

D' l'argent ou f'sait très-peu d' cas ;
Les marchands, tous délicats,
N'auraient plutot rien vendu
Que d' surfaire d'un écu.

On n' voyait dans les boutiques
Qu' meubles propres et décents ;
Point d' ces comptoirs magnifiques
Qu'ont plus d'or autour que d'dans.

Heureus's avec leurs mamans,
Les filles n'avaient pas d'amants ;
Leur innocence formait
La seul' dot qu'on réclamait.

Un' robe simple et commode,
Un' fleur posée avec goût,
Avaient fait passer de mode
L' cachemire et l' marabout.

Bref, c'était un' loyauté,
Un' modestie, un' bonté,
Un' sympathie, un accord,
Qu'on aurait dit l'âge d'or.

Oui, si j'ai bonne souvenance,
V'là ben, trait pour trait, c' qu'était
Mil huit cent vingt-cinq en France..
Ou c'est un rêv' que j'ai fait.

LE SEXAGÉNAIRE

CHANSON PHILOSOPHIQUE

Air : *du vaudeville de* Pinson père de famille.

Vieillissons sans regret,
C'est l'adage
Du vrai sage :
Du bonheur, à tout âge,
Voilà le secret.

La jeunesse a des charmes ;
Mais les tendres tourments
Aux plaisirs des amants
Mêlent toujours quelques larmes
Vieillissons, etc.

Aimer est quelque chose,
Plaire a bien des douceurs :
Mais dans un champ de fleurs,
Chers amis, tout n'est pas rose..
Vieillissons, etc.

Quand le printemps nous laisse,
Rions de son départ ;
La gaîté du vieillard
Est la seconde jeunesse.
Vieillissons, etc.

Gai, sans emploi ni rente,
Je compte soixante ans,

Mais sous ces cheveux blancs,
Ma tête n'en a que trente..
   Vieillissons, etc.

Mon filleul est toute aise
D'avoir Lise à vingt ans ;
Plus heureux dans mon temps,
 oi j'eus sa grand'mère à seize..
   Vieillissons, etc.

J'entends dire à la ronde
Que le monde est bien vieux ;
Rien pourtant, à mes yeux,
N'est aussi gai que le monde.
   Vieillissons, etc.

Momus, qui nous rallie,
Par vingt siècles cassé,
N'a pas encore cessé
D'être Dieu de la folie.
   Vieillissons, etc.

Vieille, mais non caduque,
La gaité chez Piron,
Chez Panard, chez Scarron,
Riait sous une perruque..
   Vieillissons, etc.

Que d'heureux sur la terre,
Si l'on se consolait,
Par ce que l'on a fait,
De ce qu'on ne peut plus faire !
   Vieillissons, etc.

Si ma jambe, moins ferme,
Ne peut presser le pas,
J'en espère tout bas
Arriver moins vite au terme.
Vieillissons, etc.

Puis quand la barque arrive,
Gaiment sautons le pas ;
Qui sait si l'on n'a pas
Des banquets sur l'autre rive !

Vieillissons sans regret,
C'est l'adage
Du vrai sage :
Du bonheur à tout âge,
Voilà le secret.

LA JOURNÉE D'UN ÉLÉGANT

Air : *Séjour d'amour.*

Paris,
Des ris
Douce retraite,
Charme mes loisirs,
Pique mes désirs
Par un essaim de plaisirs,
Qui tous,
Jaloux
De ma conquête,
Semblent m'inviter
Pour se disputer

Le pouvoir de m'enchanter.

  A chaque aurore
  Qui vient d'éclore
  Plus fraîche encore
 Lisette, en secret,
  Vient et m'apporte
  Lettre, ou n'importe,
  Et puis remporte
 Un baiser discret.

   Mon cheval,
  Superbe animal,
A mon lever, m'attend, m'emporte et vole,
   Il fend l'air,
  Plus prompt que l'éclair ;
C'est le rival, c'est le vainqueur d'Éole.
   Au retour,
  Beauté faite au tour,
   A son tour
  Gaîment me propose
   Un joli
  Déjeuner qu'arrose
   Le chably,
  Le beaume ou l'ay.

   Après
   Les frais
  Que j'ai dû faire,
 Je pars en chantant ;
 Un concert m'attend,
Je n'y reste qu'un instant.
   J'entre au
   Caveau,

Où sur la guerre,
Buvant du scubac,
Prenant du tabac,
Je parle *ab hoc et ab hac*.

J'entends qu'on vante
Les mets qu'invente
La main savante
D'un maître d'hôtel ;
Comus m'invite,
Bacchus m'excite,
Et je cours vite
Encenser leur autel.

L'Opéra-
Comique ou buffa,
A du nouveau, j'y suis indispensable.
Jusqu'a bout
Je critique tout ;
Car applaudir est d'un ton détestable.
Pour un thé
Le soir invité,
L'écarté,
Qu'un perdant déserte,
Me séduit,
Et, de perte en perte,
Me conduit
Jusqu'à minuit.

Alors
Je sors,
Car c'est d'usage,
L'instant obligé
Où l'homme rangé

De son monde prend congé ;
Et dé-
cidé
A rester sage,
Je regagne enfin
L'hôtel du Dauphin,
Au plus tard.. le lendemain.

LE SOLDAT

AIR nouveau *de Plantade.*

Ah ! l' bel état
Qu' l'état d' soldat !
Battre, aimer, fumer et boire,
Voilà toute notre histoire..
Et corbleu ! c't état-là vaut bien
  Celui d' tant d' gens qui ne font rien. *(bis*

Entrons-nous vainqueurs dans un' ville,
L's autorités et l's habitants
Nous vienn'nt d'un' façon fort civile
Ouvrir les port's à deux battants.
C'est tout au plus s'ils sont contents,
    Mais c'est tout d' même,
    Faut qu'on vous aime,
    Rataplan,
Ou bien qu'on en fasse semblant.
Et puis, quand vient le clair de lune,
  Chaqu' soldat prend sa chacune,
En qualité de conquérant ;
    Et prend, rataplan,
    Et prend, rataplan,

Le chemin du régiment.
    Ah ! l' bel état , etc.

Au bout d' queuqu' temps l'orsqu'en maraude
Nous sommes las de fair' l'amour ,
On va , l' sabre à la main , en fraude,
Fair' la chasse à la basse-cour.
Il faut qu' chaqu' victime ait son tour ;
    Poul's innocentes ,
    Intéressantes !
    Sans retour ,
Cot , cot , cot , cot , en sentinelle,
Cot , cot , cot , cot , on les appelle ;
Ell's pass'nt la tête en caquetant ,
    Et v'lan , en avant, *(bis)*
    A la broch' du régiment.
    Ah ! l' bel état , etc.

Mais c'est quand nous quittons la ville
Qu'il faut voir l'effet des adieux..
Et toutes les femm's à la file
Se lamenter à qui mieux mieux.
C'est un' rivière que leurs yeux :
    « R'viens donc vite..
    — Oui-da , ma p'tite. »
    Le plus souvent !
J'ai soupé pour le sentiment.
Et puis , à not' retour en France,
Chaqu' village , en goguette et danse ,
Nous r'çoit cœur et tambour battant ,
    Et plan rataplan *(bis)*
    En l'honneur du régiment.

    Ah ! l' bel état , etc.

QUAND C'EST PARTI, ÇA NE R'VIENT PLUS

Air *de M. Plantade.*

Lise était à la fleur de l'âge,
Et, fière d' ses appas naissants,
S' moquait des vieilles du village
Qui pestaient d' n'avoir plus quinze ans.
« Pour les ravoir, leur disait Lise,
Vous donneriez tous vos écus ;
Mais, croyez-moi, ça s'rait sottise,
Quand c'est parti, ça ne r'vient plus. »

Mais à force d' railler les autres,
La pauvre Lise un jour tomba
Sous la main d'un d' ces bons apôtres
Qui vous frapp'nt et vous plantent là.
Et les vieilles, pour s' venger d'elle,
Lui dirent : « Prends ton parti là-d'ssus :
L's amants, c'est comm' les ans, la belle,
Quand c'est parti, ça ne r'vient plus. »

Après c'tte aventure cruelle
Lise perdit l' repos du cœur.
C'était à qui s'éloign'rait d'elle ;
Ell' devint laide à faire peur :
Et tout chacun, riant de sa détresse,
Lui disait : « Regrets superflus !
Beauté, bonheur, amour, sagesse,
Quand c'est parti, ça ne r'vient plus. »

CHANT DU SOLDAT.

Air : *de la Retraite.*

Marche au combat !
Voilà mon cri de guerre :
  S'il est sur terre
  Un bel état,
C'est celui de soldat.
Vivre exempt de soucis,
Défendre son pays
Et boire à ses amis,
  C'est le moyen
D'être riche avec rien.

  Est-il repos,
Est-il plaisir qui vaille
  Une bataille
  Où d'un héros
Nous suivons les drapeaux ?
La gloire nous attend,
Nous chantons en partant,
Nous chantons en battant,
  Nous chantons quand
Nous revenons au camp.

  Pour nous l'amour
Forma toutes les belles ;
  Les plus rebelles
  S'unissent pour
Chanter notre retour :

Devenu plus humain,
Chaque tendron est vain
D'unir sa douce main
   A celle qui
Fit trembler l'ennemi.

   L'argent n'est rien
Pour le franc militaire :
   Il a son verre
   Pour tout soutien,
Et l'honneur pour tout bien.
A ses yeux peu jaloux,
L'espoir d'un sort plus doux,
Tout l'or, tout les bijoux
   Ont moins de prix
Qu'un drapeau qu'il a pris.

   Ceint d'un laurier,
Et fier sur une tonne,
   Nul coup n'étonne
   Le cœur altier
D'un valeureux guerrier.
Soir et matin il boit,
Il boit à chaque exploit ;
Jamais on ne le voit
   Verser en vain
Ni son sang ni son vin.

FIN.

TABLE DES CHANSONS.

L'homme content de tout.	3
En attendant.	5
Ronde prophétique.	7
Les plaisirs du Dimanche.	10
Tout le monde sait ça.	12
La pauvre Lise.	14
Ma petite chanson.	16
Le progrès de l'âge.	18
La mauvaise et bonne chanson.	20
Conseils aux garçons.	22
Ah! mon Dieu! que j'suis bête.	24
Le nouveau monde.	27
Chanson bachique.	29
La Halle.	30
Ronde de table.	32
V'là c' que c'est que l' Carnaval.	34
Le carême.	37
Le père de la mariée, un jour de noce.	39
Les brouillards.	41
Vœu d'un ivrogne.	42
Les inconvéniens de la fortune.	42
Les amours de Gonesse.	45
Couplets de noces.	48
L'an 1825.	51
Le sexuégnaire.	53
La journée d'un élégant.	55
Le soldat.	58
Quand c'est parti ça ne revient plus.	60
Chant du soldat.	61

www.ingramcontent.com/pod-product-compliance
Lightning Source LLC
LaVergne TN
LVHW022125080426
835511LV00007B/1036